발해철물점

이경주
충청남도 홍성에서 태어났다.
2022년 『경남신문』 신춘문예를 통해 시인으로 등단했다.
시집 『발해철물점』을 썼다.

PARAN IS 16 발해철물점

1판 1쇄 펴낸날 2025년 12월 15일
지은이 이경주
인쇄인 (주)두경 정지오
디자인 이다경
펴낸이 채상우
펴낸곳 (주)함께하는출판그룹파란
등록번호 제2015-000068호
등록일자 2015년 9월 15일
주소 (10387) 경기도 고양시 일산서구 중앙로 1455 대우시티프라자 B1 202-1호
전화 031-919-4288
팩스 031-919-4287
모바일팩스 0504-441-3439
이메일 bookparan2015@hanmail.net

ⓒ이경주, 2025, printed in Seoul, Korea

ISBN 979-11-94799-21-4 03810

값 12,000원

*이 책 내용의 전부 또는 일부를 재사용하려면 반드시 저작권자와 (주)함께하는출판그룹파란 양측의 동의를 받아야 합니다.
*잘못된 책은 바꾸어 드립니다.
*지은이와의 협의 하에 인지는 생략합니다.

발해철물점

이경주 시집

시인의 말

눈앞에 떠다니는 풍경들을 가슴에 옮겨 놓는다.
이 조그만 것들에도
무게가 있다.

골목 끝에 떨어지는 고욤나무 이파리가
지구보다 깊다.

차례

시인의 말

제1부
스키드마크 – 11
가족에 대하여 – 12
로드킬 – 13
구두 닦는 시간 – 14
경건한 아침 – 16
발해철물점 – 18
장갑 – 21
벌초 – 22
슬하 – 24
비닐 성자 – 26
등을 내밀다 – 28
역전(逆轉) – 30
판공성사 – 31
엽록체에 대한 기억 – 32
평토장 – 34

제2부
워커 – 37
둥지 – 38
강원도식당 – 40
질주 – 42
숟가락 – 44
착한 개 – 45

복권을 든 남자 - 46

껌을 씹다 - 48

감자를 삶으며 - 50

재를 넘다 - 52

보일러 - 54

터지는 찐빵집 - 55

회식 - 56

안양장례식장 10호 영안실 - 58

속없는 돼지 - 60

가래침 - 62

제3부
사과나무에 대한 경배 - 65

시다, 라는 말 - 66

벽돌들 - 68

동행 - 70

명화식당 - 72

퀵서비스 - 74

오래된 사진 - 76

하늘 - 77

중고차 파는 날 - 78

껌딱지 - 80

시골 정류장 - 82

천국은 시끄럽다 - 84

장항선 - 86

바다가 있는 달력 - 88

엄마손칼국수 – 90

제4부
남한강메기매운탕 – 93
불타는 오금공원 – 94
붉은 단추 – 95
벨 소리 – 96
손가락탕 – 98
금연 구역 – 100
냉장고 – 102
고라니의 마을 – 104
버스 기다리는 사람들 – 106
폐업 정리 – 108
거미줄 – 110
비둘기 민원 봉사실 – 112
개심사 해우소 – 114
젖어 들다 – 116

해설
신덕룡 생의 이력 들춰내기 – 118

제1부

스키드마크

경사진 골목길을 내려가는
리어카
꽁무니에 붙은 폐타이어가
온몸으로 급하게
바닥을 쓸고 있다
바람 빠진 몸에서도
저렇게 쓱쓱, 살 벗겨지는
소리가 울려 나온다
타이어가 새까맣게
길을 내는 언덕
허리 굽은 노파가 닳아 버린
가슴을 끌며 지나간다

가족에 대하여

—

꼭, 붙들고 있다
절대로 놓지 않겠다는 듯
세탁기에서 빠져나온
팔과 다리들이
나무뿌리처럼 엉켜 있다
조금의 빈틈도 없이
꽁꽁 묶이어 있는 저것들은
소용돌이가 커질수록
더욱 단단하게 서로를 엮는,
어지간한 힘으로는 떼어 내지 못할
한 가족이다

—

로드킬

머리를 들려 했을 것이다
다가오는 자동차 바퀴 소리에 맞춰
날아오르려던 것인데

수천 번 찍어 온 바닥에
부리가 박혀 버릴 줄은 몰랐으리라

아무리 잡아 빼도 놓지 않는
아스팔트를 내려다보며
있는 힘껏 날개 퍼덕였으리라

꼬리까지 뭉개지고서야 겨우
제 부리를 떼어 낸
비둘기 한 마리

죽음이 풀어놓은 무대를
떠나지 못하고 있는 듯
여전히 구구, 소리가 흘러나온다

구두 닦는 시간

동그랗고 탱탱한 앞코는 제쳐 두고
잔뜩 패여 있는 발등
그 속에 낀 먼지들을 우선 털어 준다

발걸음마다 한 번씩은
접히고 구겨졌을 구두의 가죽
걸어온 것만큼이나 많은
거친 물결의 자국들이 박혀 있다

발등의 주름이 환해야
제대로 구두가 반짝이지 않겠냐며
침까지 발라 줄 때

내 마음도 어딘가 뜨겁게
어루만져지는 느낌
그의 손은 지친 짐승의 상처를 핥아 주는
혓바닥 같다

그 손길 따라 거리의 매연과 소음
겹겹이 쌓인 피로들이 빠져나오고

구두가 조금씩 펴져 간다

조심스레 발을 넣어 보니
아까보다 훨씬 가벼워진 구두
찌그러진 뒤축까지
빳빳해졌다

경건한 아침

一
손수레 한 대가
종이 상자를 가득 싣고
왕복 6차선 도로 한가운데로 간다

차들이 휙휙 불어 대는 바람에
휘청휘청이면서

하늘까지 닿을 듯한 짐에
허리를 붙들어 매고는 뒤뚱거린다

커다란 지게 짊어지고
논두렁 걸어가는 아비를 따라가듯
그 뒤에 붙어 가는 몇 대의 자동차들

상자와 폐지 뭉치들이
점점 기울어져 가는
아슬아슬해지는 손수레 뒤를
밀면서 간다

二
아침 출근길이 막혀 버렸는데도

이상하게
더욱 고요해지는 사거리

발해철물점

버스 정류장 바로 앞
시장 입구에 있는 철물점
반쯤 열린 유리문 사이로
뭔가를 다듬고 있는 늙은 주인이 보인다

굵게 패인 주름
깊은 비밀이 담겨 있는 듯한 눈빛
분주히 오가는 발길과 자동차 소음 속에서
바위처럼 앉아 있는 그는

좁은 반도의 반쪽 땅
이 도시 귀퉁이로 흘러온 고독한 유민일까
지금 그가 닦고 있는
기다란 쇠붙이 같은 것은
머나먼 왕국에서 들고 온 유물일까

어쩌면 그 옛적 초원을 달리던 용사들에게
칼과 창, 철촉과 등자를 만들어 주던
강인한 팔뚝의 대장장이는
그의 오래된 선조

불타는 이백 년 수도를 뒤로한 채
식솔들과 먼 남쪽으로 발을 옮기면서도
품 안에 깊이 숨긴, 가문의 명검
한 자루쯤 있었으리라

풀무와 망치질 대신
전깃줄과 고무호스, 빗자루를 팔며 연명하지만
대륙 회복의 꿈은 천년을 이어 온
누대의 유언이리라

북쪽 하늘 보이는 발해철물점
낡은 의자 위에서
긴 세월 날 벼리며
무변광야로 달려갈 영웅 기다렸을 이

오오, 저 손에 들어 올려질
눈부신 서슬
상경용천부를 뒤흔들 천리준마들이여

노인의 무릎을 향해 뻗는 내 손끝에
와 닿는 쇠붙이의 향기
가슴속에는 뭉클한 불꽃이 돋는다

서서히 버스가 출발하고
철물점은 멀어지고
오래도록 잊혔던 왕조의 후손이
아스팔트 먼지 속에 다시 묻혀 간다

언제 이루어질지 알 수 없는
숙명의 무게와
기나긴 기다림을 말없이 버텨 왔을 간판도

울컥 솟아오른 망국의 슬픔이 펼쳐 놓은
붉은 하늘 아래
아득하게 사라져 간다

장갑

장갑 한 짝
더 이상 납작해질 수 없는 모양으로
횡단보도 위에 착, 달라붙었다
바퀴에 짓눌리면서도 여전히
빠져나간 손을 잊지 않은 듯
옛 뼈가 남긴 자세인 듯
손가락을 곧게 펴고 있다
건너가지 못한 너머를 향한 것일까
쌩쌩대는 차들의 속도에
들썩이면서도
어딘가 가리키는 저 회색 장갑은
검은 아스팔트에 박혀 있는 비문(碑文)이다
바닥에 떨어져서도
접힐 줄 모르는 손가락 하나가
서 있는 나에게 길을 묻는다

벌초

一   성미 고약하기로
    근동에서 유명했다던 증조부님
    오늘은 고분고분하시다

    머리카락이 싹둑싹둑 잘리고
    가끔은 뿌리째 뽑혀 나가는데도

    귀 스치는 가위질 소리가 편안한지
    꾸벅꾸벅, 졸고 계신다

    나란히 놓인 의자 아래
    쌓여 가는 푸른 뭉치들
    그 위에 두런두런 풀어놓는 옛이야기들

    오랜만에 문을 연
    산골짜기 이발관 지붕 위에
    처서 지난 초가을 햇살
    환하게 쏟아지고

二   방금 조발을 끝낸 노인네들이

파릇한 향기 나는 머리 매만지며
허허, 웃는다

슬하

노파가 펼쳐 놓은 보자기에
호박잎 몇 장
상추 몇 포기

한여름의 열기를 버티지 못하고
죄 시들어 버렸지만
그녀는 연신 부채질하고 있다

그늘을 따라
더 이상 굽어지지 않을 것 같은
허리를 구부리고

걷지 못하는 새끼 다루듯
하나, 하나씩 들어 올려
무릎 앞에 옹기종기 모아 놓은 노인

저만치 일찍 켜진 가로등 불이
저녁 빛을 풀어놓으면
'얘들아, 그만 일어나 집에 가야지'

핏기 없이 누워 있던 어린 것들이

할머니 앞에서

하나, 둘 눈을 뜬다

비닐 성자

떼로 모여든 비둘기들 한가운데
엎드려 있다
부리와 발톱에 찍히고 뜯기면서
질질 끌려다니고 있다
바짝 꽁지를 치켜세운 비둘기들이
톡톡 사납게 쪼아 대도
구멍 속에 머리를 집어넣고 휘저어도
음식물 쓰레기봉투는
아무 저항을 할 줄 모르는 것 같다
이 고통은 견뎌 내야 한다는 듯
찢어진 제 살갗에서 내장처럼
쏟아져 나오는 것들을 바라다본다
지난밤 취객의 토사물 대신 차려진
풍성한 밥상으로 비둘기들이
시린 속을 채우는 동안
가로수 밑동에 말없이 기대어 있다
잔뜩 돋은 허기들 앞에서
발끝까지 너덜너덜해지고 만다
굵은 못 자국 같은 구멍에서 흘러나온
구릿한 물이 길바닥을 붉게 적시고

뒤뚱뒤뚱, 비둘기들이 날아오른 뒤
상처뿐인 비닐 봉투가
가장 홀가분하고 가벼운 모습으로
차디찬 거리에 눕는다

등을 내밀다

一 축구공이
　　담벼락 구석에 처박혀 있다

　　발길에 차이고 흙 속을 구르며
　　남은 것이라곤 다 해진
　　가죽옷 한 벌

　　절반으로 쭈그러져
　　가까스로 숨을 내쉬면서도

　　억울해, 이건 너무 억울해

　　술에 취한 사내가
　　전봇대를 붙들고 어깨 들썩이고 있을 때
　　주먹으로 담벼락을 내리치고 있을 때

　　움푹 들어간 제 몸을
　　가로등 불빛으로 가득 채운다

二 한번 차 보라는 듯

제대로, 한 방에 날려 보라는 듯

고개 푹 숙인 그의 발 앞에
등을 내민다

역전(逆轉)

　골목에서 쌩하며 달려 나온 오토바이, 큰길 진입로 앞에 멈추었는데요 차들은 쉭쉭 지나가고, 들어갈 듯 말 듯 부르릉거리는데요 뒤에 앉은 할아버지, 앞자리 할머니의 가느다란 허리만 꼭 붙들고 있는데요

　―무서우니께, 제발 천천히 좀 가
　―아니, 이까짓 게 뭐가 무섭다고 그려, 등에만 꼭 붙어!

　젊었을 적 마나님 속을 꽤나 썩여 드렸을 것 같은 번듯한 저 얼굴 얼마나 세게 갖다 댔으면 할머니 빨간색 조끼에 할아버지 이목구비가 고스란히 박혔을까요 갈까, 말까, 앞으로, 뒤로 들썩이며 마나님이 영감님 애간장을 어지간히 태우고 있네요

　힐끗 뒤돌아보곤 헬멧 끈을 꽉 조여 매는 그녀, 바람까지 갈라 가며 횡하니 날아가고 두 눈 꼭 감은 늙은 남편은 그 뒤에 단단히 붙어 매달려 갑니다

판공성사

'너희 가운데
죄 없는 자가 먼저
저 여자에게 돌을 던지라'는 말에
나이 많은 자들부터 하나씩 떠나갔다고 했다

이마와 입가에 새겨진
무늬 같은 주름들은
숨길 수도 지울 수도 없는
무수한 죄의 흔적들일까

이 악물고 손바닥이 쭈글쭈글해지도록
움켜잡아야 했던 삶
지금은 고개 숙인 채
일렬로 늘어서 있는 기나긴 침묵들뿐이다

할머니를 따라왔으리라
지루한 듯
몸 뒤틀던 계집아이
손가락 펴고 지 할매가 저지른 죄를 꼽아 보고 있다

엽록체에 대한 기억

一 숲을 떠난 푸른빛의 기억이 갇힌 방으로 들어간다
형광등 불에 달궈진 자갈과 모래알들이 바닥에 깔리어
전갈이 지나는 길을 만들고 있다
마른바람이 눈에 익거나
때로는 낯선 발자국들을 지우는 한낮에는
미세한 먹이사슬들이 잠깐 잠을 자는 것처럼 보인다
여기에서는 모든 것이 하얗다
종일 내리쬐는 빛은 벽에 박힌 나무들의 뿌리와
그걸 바라보는 죽은 새들의 밥상과
좁은 틈새를 뚫고 머리를 든 작은 벌레들
핏줄까지 하얗게 만든다
한 번이라도 불빛에 닿은 것들은
제 본래의 색깔을 잃어버리고
오후가 저물 때면 변색의 관성은 더욱 강해져
누구도 아침을 기억하지 못한다
방의 움직임이 멈출 때까지 나갈 수 없다
아무렇게 발을 들여놓았다가
깊은 사막 속으로 빨려 들어가는 폭풍에 갇혀
돌아설 수 없다
一 문은 굳게 닫혀 있고

표정이라고는 창백한 빛뿐인 방이
암흑 속을 빠르게 날고 있는 소리가 들린다
이상하다 분명 하루가 지난 거 같은데
눈을 뜨면 다시 그 자리에 와 있고
녹색이 사라진 방으로 계속 나비들이 날아 들어온다

평토장

—

평생 흙에서 떨어질 줄 모르는 그였다
자신을 붙들어 대는 땅에서 한시도
벗어날 수 없었던 그의
납작하고 네모난 석판
매끄러운 돌에서 햇빛이 튕겨 올라온다
아이고, 이제 근사한 데서 호강하겠구먼
문상객들 덕담에 상주는
어렵게 미소를 감추는데
이승 지나 또 어느 곳에 갇히게 된 걸까
바닥에서 들려오는
끙끙거리는 안간힘 소리

—

제2부

워커

아파트 신축 공사장 옆
길가에 버려진 워커

꽁꽁 조인 끈들 다 풀어 주고서
누가 여기에 놓고 갔나

한때의 탄력과 단단함
다 소진해 버리고

푹 고꾸라져서는
다시는, 일어서지 못할 것 같다

가끔은 빠져나간 발이 생각나는지
헐렁한 제 거죽을
오므려 보기도 하는 워커

그 깊은 주름 사이로
살며시 파고드는 햇살들…

둥지

一   벤치 밖으로 삐져나온
      저 구멍 난 양말로
      얼마나 먼 곳을 돌아다닌 걸까
      아침이 지나도록 천변 둑길에서
      긴 잠에 빠진 사내
      머리맡이 시끌벅적한데도
      눈뜨지 않는다
      벚나무 그늘 속으로 파고들더니
      아예 둥지를 튼 것처럼
      발아래 가지런히 신발 벗어 놓은 채
      무릎과 팔꿈치 맞대고서
      둥글게 꿈속을 구르고 있다
      그의 잠을 깨우듯 얼굴에 떨어지는
      작은 잎새 하나
      잠깐 움찔거리던 그가
      머리 밑 괴고 있던 손을 꺼내어
      뺨을 한 번 쓰다듬는다
      벤치 밑에 떨어진 낡은 배낭이
      물끄러미 위를 올려다보고
二   햇살은 사방에서 따갑게 두들겨 대는데

결코 꿈속에서
걸어 나오지 않으려는 듯
다시는 땅에 내려서지 않으려는 듯
볼록 튀어나온 무릎을
가슴 안쪽으로 끌어당긴다
허공 속에 몸을 깊이 쑤셔 넣는다

강원도식당

오일장터 귀퉁이에
돼지족탕집 하나 있지

평생 바닥을 딛고 살아온 힘들이
가마솥에 푹 고아져서
흐물흐물 뚝배기에 실려 나오지

국물 한 숟가락 뜨고 후루룩
발을 발라먹다 보면 잔뜩 힘주고 사는 게
별거 아니라는 생각이 들지

일어서기 위해 바둥바둥
넘어지지 않기 위해 악착같이 버틴 날들이
국물 안에 녹아 흐르고
마음은 하얀 국숫발처럼 유순해지지

누군가를 향해, 어딘가를 향해
눈썹 세우고 달려들고 싶을 때
끝없이 서럽기만 할 때

그 집에 들러 한 그릇, 꼭
시켜 볼 일이지

거친 발질도, 억센 몸짓도
모락모락 눈앞에서 사라져 버리는

옛 버스터미널 건너편
그 작고 오래된 밥집에서는
산다는 게 다 그렇고 그런 일이지

질주

一 명성고물상
녹슨 함석 울타리에 기댄 리어카

쇠붙이와 폐지 뭉치들
내려놓고서
허리를 쭉 펴고 있다

노인의 굽은 등 따라
하루 종일
고물만 싣고 돌아다녔다

삶의 기록처럼
꽁무니 폐타이어에 적혀 있는 흔적들은
모두 지워 버리고 싶은

이런 저녁에는
한 번쯤, 곧게 뻗은 대로로
뛰쳐나가고 싶으리라

二 두 앞발을 번쩍 들어 올린 리어카

따그닥 따그닥
허공에 난 길을 늦도록 달리고 있다

숟가락

―

맥주병의 병따개가 되었다가
침 튀기는 사회자의 마이크가 되었다가
펄펄 끓는 냄비 옮기는 집게가 되었다가
니나노 장단 맞추는 북채가 되었다가
옆 사람 뒤통수 후려갈기는 무기가 되었다가
다라이에 닥치는 대로 쌓여서
수챗구멍으로 실려 간다
찬물 한 바가지 뒤집어쓰고

적막 속에서
물방울이 또르륵,
떨어지는 소리 듣는다
뒤척이는 눈들이
고개 돌려 서로를 바라보며
그래… 그래…
어깨를 토닥이며
깨진 플라스틱 상자 안에서
내려앉을 듯 낮고 흐린 형광등 불빛 아래서

―

착한 개

 18층 화장실에서는 모두가 앞만 보고 있었다 변기 앞에 쭉 늘어서 있다가도 등 뒤에서 발 좀요, 소리가 들리면 습관적으로 오른발을 들어 올리곤 했다 대걸레가 한 번 쓱 지나간 다음에는 왼발을 올리는데, 한 번도 어긋나는 법이 없었다

 사무실에 돌아와서도 마찬가지였다 나란히 앉아 등 뒤에서 들려오는 소리에만 온 신경을 집중하고 있을 뿐, 맨 뒷자리 구령에 맞춰 열댓 명의 남자들이 몸을 움직였다 뒤로 앞으로 좌로 우로 한 치의 오차도 없이 구르는 동안 오늘이 가고 내일이 흘러갔다

 눈물 나게 서럽고도 그리운,
 모든 게 일사불란하게 척척 돌아가던 때였다

복권을 든 남자

암 병동으로 올라가는 길목
조그만 매점 앞
환자복을 입은 사내가 로또 한 장을 손에 쥐고 있다

질질 끌고 다니던 링거병도 떼어 놓고
엉금엉금 계단을 내려온 것처럼 구부정한 모습
병과 싸우느라 가뜩 휘어 버린 허리를 지고
어떻게 여기까지 온 것일까

깊숙한 그의 옹이눈 속에서
꿈틀거리는 숫자들

내려가야만 살 수 있다는
저 한 장에 모든 근심과 불안을 없앨 수 있다는
항암제보다 몇 배 강한 집념으로
찬바람 뚫고 왔으리라

높고 긴 계단의 끝으로 다시
올라가야 하는 길
한 걸음에 한 번씩 숨을 몰아쉰다

두어 단 오르지도 못하고 헐떡거리는 어깨

얼마 남았을지 알 수 없는 여생이
좁은 발판 위에서
다 지나갈 것 같다

한 손으로 난간 붙잡고
다른 손으로는 복권을 움켜쥔 채
철계단 가운데서 바람에 밀려가며
그가 절대 포기할 수 없는 승부를 펼치고 있다

껌을 씹다

담벼락에 붙어 있는
껌딱지 하나
갈라진 담장 틈을 메꾸고 있다

누구였을까, 잠시라도
단맛의 위로를 받고 싶었을
어떤 이를 죽도록 씹고 싶었을 사람

비틀거리며 오줌을 갈기다가
담벼락을 한참 바라보았으리라
말없이 제 이빨 자국까지 꾹꾹
눌러 주고 갔으리라

딱 손톱만 한 크기이지만
오래전에 벌어졌을 벽을
꼭 붙여 버린 저 껌딱지

그런, 순간이 있다
제 가슴이 찢기고서야 비로소
작은 아픔도 보이기 시작하는 때

그 상처를 두꺼운 딱지처럼 덮어 주고 싶을 때

단물 빠진 껌 씹어 가며
두리번거리는 골목길
여기저기 손을 드는 깊은 틈들

감자를 삶으며

친구의 퇴직을 축하한다고 동창들 몇몇 강원도 여행을 갔다 오대산 근처 두붓집 주인이 캤다는 감자, 실하고 맛있다고 해서 한 상자씩 사기로 했다 자기가 계산하겠다고 우기는 친구에게 그러라고 했다

늦은 아침, 베란다에 놓아둔 상자에서 감자를 꺼낸다 크고 단단한 것도 몇 알 안 남아 오늘이 마지막일 듯하다 껍질 벗기고 물 붓는데

아직도 넥타이 매고 빈 가방 든 채 지하철 2호선을 몇 바퀴 돈다는 그 친구 얼굴이 떠오른다 감자 씨눈처럼 자리에 움푹 박혀만 있을, 서둘러 내릴 곳이라고는 이제 서울 어디에도 없을 텐데

텅 빈 집과 혼자 때우는 끼니가 익숙해진 나도 그에게는 해 줄 말이 많지는 않다 감자는 술술 껍질을 벗겨야 한다는 것, 그 속의 하얗고 통통한 살이 드러나야 한다는 것

냄비가 끓는 동안 창밖을 바라본다 유리창 너머 당산철교 넘어가는 그의 둥근 얼굴이 보이는 듯하다 감자는 저 혼자

소리 내며 잘도 익어 가고

재를 넘다

一

옛날 춘궁에서 서울 쪽으로 가기 위해
넘었다는 고개
하남 금암산 자락에 덜미재가 있다

무슨 이유로 그런 이름이 지어졌는지는
알 수 없으나
그곳을 지날 때면 누군가
뒷덜미를 잡아당기는 것 같다

끝끝내 넘지 못하고
되돌아간 이처럼 나도
꼼짝없이 끌려가는 기분이 든다

모든 고갯마루에는 그런 흔적들이 있다
온몸으로 뿌리치거나 한참을
버둥거린 듯한

돼지고기 중 가장 꼬들꼬들한 게
덜미살이라지
머리 처박고 이리저리 헤집고 다니느라

생겨난 근육이라는데

몇 달째 가슴 조이던
조기퇴직 명단에서 빠져나온 날
감북동 대폿집에 앉아
헐거워진 내 목을 자꾸 만지작거린다

보일러

낮에는 없던 소리가
어둠 속에서 새어 나온다

칠흑의 벽을 타고 흘러나오는
그르렁그르렁, 힘에 겨운 듯한

꺼질 듯 말 듯 하면서도
그치지 않는 저 소리는

오래전
아버지 방에서 들려오던
쿨럭거리던 기침 소리 같다

잠 깨어 나가 본 베란다 구석
잔뜩 녹이 슬고
구부정한 보일러

늙은 아버지가
방들을 덥히고 있다

터지는 찐빵집

고개 푹 숙이고 지나는 거리
내 등을 치는 듯
양철 뚜껑을 두들겨 댄다

맹렬하다

더 이상 참지 못하겠다고
치익치익, 솟구쳐 오르는
수증기 뭉치들

거침없이 달려가는 증기기관차처럼

겨울의 한복판, 거리에는 잔뜩
웅크린 풍경뿐인데
정신없이 들썩이고 왁자지껄한
환한 집

외투 깊숙이 구겨 넣은 하루가
저 고압 스팀기로 쭉쭉
펴지고 있다

회식

술김에
겨우 풀어 버린 목줄이
이마에 묶여 있다

여전히 바짝 동여맨 채
손아귀에 움켜잡혀
끌려다닐 듯한 모습으로

어디로든 떠나고 싶어도
나는 갈 수가 없네
날아가는 새들 바라보며 나도 따라 날아가고 싶어

지하 노래방에서 퍼덕이던 사내들이
허공을 향해 소리치고
주저앉는다

빙빙 돌아가는 조명 아래에서도
풀어질 줄 모르는
끈질긴 힘들이

다시, 목을 졸라 댄다

늦은 밤
답답한 듯 모가지 만지작대며
집으로 가는 거리
늘어진 어깨 위로 쏟아지는 달빛

*날아가는 새들 바라보며 나도 따라 날아가고 싶어: 변진섭, 「새들처럼」.

안양장례식장 10호 영안실

예술대학 연기과를 나온
딸의 나이는
스물넷이라고 했다

무슨 말을 해야 하나
망설이다가
활동은, 그래도 좀 하지 않았냐, 는 물음에
"그냥…, 길거리 엑스트라부터 옷 가게 배달까지
이것, 저것 다…"

목이 멘 어머니가 가까스로 뱉어 놓은
어리디어린 그녀가
죽기 전까지 닥치는 대로 해 봤다는
그 말

둘러앉은 시장 사람들은 말없이
소주잔을 기울이고
반찬가게 해남댁은 빈소 앞에 주저앉아
영정 사진만 바라보고 있고

이제야 활짝 핀 듯한
그녀의 얼굴 아래
덩그러니 놓여 있는 조기(弔旗) 하나

구석에서 훌쩍거리는
울음 사이로
끼익, 브레이크 밟는 소리 들리는데

아무리 털어 내려 해도
자꾸만 고이는
귓속이 아려 오는 다 해 봤다는 말

속없는 돼지

一

돼지가 웃는다
목이 잘린 돼지의 웃음이
귀가 찢어지도록 걸려 있다

코와 귓구멍마다 빳빳하게 꽂힌
복채의 간지러움을 견딜 수 없는 걸까
도부(刀斧) 날이 지나는 찰나
극락의 한 모퉁이라도 본 것일까

그의 생을 둘로 갈라놓은 듯
빨랫줄처럼 걸려 있는 저 웃음을
이제부터는 아무도
끄를 수 없으리라

애달은 인간의 청(請) 하나 정도는
들어줄 수 있으련만
가벼운 덕담은 해 줄 수 있으련만

넙죽넙죽 코까지 박아 가며
'그놈 잘생겼다' 한마디씩 하고

二

'소원 잘 들어주겠다' 맞장구쳐도
눈 한번
껌벅이지 않는 돼지는

악취와 오물 위에 뒹굴던 몸통 대신
황금빛 방석 그 위에
제 환한 미소를
부조처럼 파 놓았다

가래침

정류장 옆 담장에 붙었다
구십 도의 경사에 흘러내리지 않고
아침 햇살 속에서도 마르지 않는
술 냄새 진하게 배여 있는
어젯밤 늦게 버스에서 내린 이가 뱉은 것 같은
회사에서 거래처에서 꾹꾹 참고 누르고만 있다가
집으로 들어가는 길목에 확 게워 버린
어쩌면, 누군가의 얼굴 위에도
밤새 붙어 있었을지 모르는

큰소리치며 벗어 놓은 젖은 양말 옆에서
허물어지듯 잠을 잤을 사내가
온 힘을 다해 새겨 놓은
저 짧은
한마디 절규

제3부

사과나무에 대한 경배

새가 달콤한 사과만 골라
파먹는 게 아니라
부리로 쪼아서 달콤해진 거란다
나무는 가지 끝에 매달린 상처를 향해
뿌리에서부터 온 힘과 영양을 밀어 올린다고
툭 던지는 농부의 말에
주렁주렁 열매들이 달린 사과나무가
꼭, 돌아가신 우리 엄마처럼 보이는 것이다
과수원 비탈밭에 세상의 모든 어버이가
빼곡하게 서 있었다

시다, 라는 말

一 장맛비 그치면 어머니는
　　소쿠리 들고 뒷동네 자두밭에 가셨다
　　우리 형제들 앞세우고
　　젖은 풀 속에 떨어져 있는
　　설익은 자두들을 서둘러 담으셨다
　　자두만 한 심장이 쿵쿵대는 소리 들으며
　　나는 내내 울타리 너머만 힐끗거렸다
　　다섯 식구가 마루에 둘러앉은 저녁
　　모두가 얼굴 찡그리며 뱉어 내는 소리에
　　낮은 천장도 파랗게 진저리 쳤다
　　머슴애들이 이깟 것을 못 먹느냐며
　　어머니가 고르고 골라 주신 것도
　　죄다 시퍼런 맛뿐이던 자두
　　배앓이라도 하게 되는 밤에는
　　내가 먹어 버린 어린것들의 칭얼거림이
　　남아 있어서 그런 거라 생각했다
　　언젠가 햇볕이 쨍쨍거리던 날
　　붉게 물든 그 밭을 기웃거리는
　　어머니를 보았을 때
二 터질 듯한 열매 사이로

그녀의 작고 까만 얼굴이 어른거릴 때
나는 더 이상 자두를
좋아하지 않기로 했다
그 시절 장마처럼 아파트 광장에
주룩주룩 비는 내리고
맛이나 보라며 아내가 사 온 햇자두 몇 알은
흰 접시 위에서 불그스레 빛나고
젖은 수건 두르신 어머니는
시냐, 시냐 아직도 시냐, 고 물으신다

벽돌들

一
옥상에서 내려다본 지붕 위
넓게 펼쳐진 비닐

그 위에 놓인 새까만 벽돌들

크기와 모양은 다르지만
흐트러지지 않고
나란히 줄을 맞추어 있다

지난밤 비닐지붕이 들썩일 때마다
빠져나가려 요동칠 적마다
얼마나 힘을 주고 버텼을까

언제던가, 새벽녘 단칸방
일 나가던 아버지
워커 끈 꼭꼭 조여 묶던 그 손길 같은

비바람 멈추고
햇살이 내리쬐기 시작하는데도
ㅡ 자세를 풀지 않은 채

헐거워진 지붕을 꼭 붙들고 있다

동행

키 작은 그녀가
가장 열렬히 손 흔들고 있다
버스가 도착하기 전부터 몰려든
여인들 틈에서
두 손을 나발처럼 모으고 소리 지른다
앞사람에 가려질까, 까치발 들고
팔짝 뛰기도 한다
순식간에 와르르 헝클어진 줄
저 혼란과 뒤섞임 속에서도
성분도 재활장에서 돌아오는 아이의 눈은
용케 제 핏줄을 찾아낸다
아침에 놓았던 손을 다시 꼭 잡는 모자
종일 참았을 웃음이
한꺼번에 터져 나온다
몇 시간 만의 재회인데도
그새 훌쩍 자라 버렸다는 듯 팔 쭉 뻗어
아들의 머리를 쓰다듬는 엄마
느릿느릿 그러나 그칠 줄 모르고
떠들어 대는 아이의 표정은
오후의 햇살만큼 환하고 늠름하다

오늘도 하루를 무사히 넘겼다는
의식(儀式) 같은 저 소란
어깨에 메인 가방 놓고 한참 실랑이 벌이더니
둘은 나란히 걸어간다
언제 어디까지 이어질지 알 수 없는 길을
세상에서 가장 가까운 단짝처럼
붙었다가 떨어졌다가
작은 키가 큰 덩치에 업혔다가
또 내려졌다가

명화식당

내 고향 면사무소 뒷골목에
작은 국밥집이 있다
시도 없이 히죽대는 중년의 여인이
소머리국밥과 깍두기를 내온다
이유 없이 아무 때나 실실거린다고
맛이 간 여자라고 생각지 마라
그래 봬도 서울의 명문 대학을 나왔단다
고시 공부하는 애인을 뒷바라지하고서
촌 동네 밥집 딸이라는 이유로 버림받은 뒤
저리되었다고, 마을에서는 아직도 쯧쯧거린다
오죽했으면 서울을 팽개치고
원(怨)이 사무쳤을 이 집에 내려왔을까
단골들은 처가가 숨겨 놓은 재산으로
청문회에서 낙마한 바로 그놈 때문이라 하고
어떤 이는 권력 남용으로 감옥에 간
큰집 출신의 인간이라고도 한다
본시 시골에서의 풍문이란
바람 든 풍선처럼 과장되거나 왜곡되기 마련
그런데도 나는 국물을 뜨다가
누린내가 나거나

억센 머릿고기가 나오면
이놈은 생전에 대가리만 오지게 굴렸거나
아주 영악한 놈이었을 거라 생각한다
동그란 두 눈을 끔벅거리기만 하는
고분고분한 소가 어찌
고약한 맛을 낼 수 있겠는가
어쨌거나 저쨌거나 국밥집 명화 씨는
오늘도 허연 이를 드러내고서
뜨끈한 소머리 특에 소주 한 병 들고 온다
그 집에서 쓰린 속 달래고 나오는 날에는
얄궂은 세상을 향해
나도, 실실 웃어 버리고 싶어진다

퀵서비스

이른 아침
천호역 2번 출구 앞에 멈춰 선
배달 오토바이
뒷자리에서 정장 차림의 아가씨가 뛰어내린다

엷게 바른 립스틱
볼그레한 뺨과 커다란 눈방울의
앳된 얼굴

뭐가 어색한지 연신 옷을 매만지며
뒤돌아보지 않고
입 딱 벌리고 있는 지하철
구멍 속으로 사라진다

역 도롯가에 바싹 붙어 버린 오토바이
허리도 펴지 않은 채
웅크리고 있다
환풍구를 타고 무슨 소리가
들려오는지 귀를 쫑긋 세우기도 한다

'어디든 24시 책임 배달'
안내문을 붙인
새까맣게 그을린 오토바이

잘하고 올게 아빠, 걱정 말고 가
계단에서 울려 나온 소릴 듣지 못했는지
비어 있는 짐칸 내려다보며
기도하듯 계속 웅얼거린다

오래된 사진

—

　짧은 상고머리에 하얀 메리야스, 깜장 반바지 봉제선을 꼭 움켜쥔 채 앞만 바라보는 사내아이 셋

　입 꽉 다물고 꼼짝하지 않는다 당장이라도 울음 터뜨릴 것 같은 작은아이 옆에는 바짝 키를 세운 지게와 작대기, 무성한 대추나무 가지와 옥수수 줄기들과 함께 숨 멈추고 차렷하고 서 있다

　저 확고부동한 자세를 풀고서 다들 언제 어디로 가 버렸을까 누군가 빼꼼히 얼굴 내밀 것 같은 그 여름의 풍경 속에서 지금, 나 혼자 두리번거린다

—

문자가 날아오고
아무 말도 못 한 채 끌려 나가는 추억들
15년 된 강철 덩어리가 아파트 지하 주차장을
빠져나가면서 크게 덜컹거린다
그 소리에, 아내의 눈망울이 또 출렁인다
며칠이면 새 차가 올 거라며 다독였으나
거리를 돌아다닐 때마다 나도
한참 두리번거리겠지
단 한 번도 내 생각을 거스를 줄 모르던
마냥 곁에 있을 줄 알았던
오래된 인연이 빠져나간 자리
그 넓은 구렁이 쉽게 메워지지 않는데
옛 차는 오늘 어느 낯선 곳에서
나만큼 뒤척일까

껌딱지

현관문을 열 때부터
서 있었다고 한다
엘리베이터에서 걸어오는 그의 발소릴
신기하게 척척 알아들었다고 한다
옷 갈아입을 때나 양치할 때도
떨어질 줄 모르던
영락없는 껌딱지였다고 한다
심야 뉴스가 끝나도 들어갈 줄 모르고
새벽에도 자꾸 기웃대는 바람에
그는 어디서나 편히 잠을 잘 수 없었다고 한다
끈끈하게 붙어 대던 껌딱지가
어느 날 톡, 떨어져 버렸을 때
낡은 담벼락처럼 그는
허물어지는 것 같았다고 한다
요양원 담장 안에 그녀를 떼어 놓고 돌아온 날
방바닥에는 잔뜩 웅크린
그녀의 자국이 깊게 남아 있었다고 한다
무릎 꿇고서 쭈글쭈글한 그 흔적들을
그는 밤새 쓰다듬고 또
쓰다듬었다고 한다

오직 문 쪽으로만 향해 있는 모양들이
지워지지 않는다고 한다

시골 정류장

하루에 네 번 지나는 버스가
한참을 멈추어 섰다

털털거리며 달려온 길들이
이제는 따분할 대로
따분해진 것인지

뽕짝 가락 간드러지게 흥얼거리며
팽나무 그늘 속에
푹 담겨 있다

아, 잔뜩 구부러진 할머니가
출입문 손잡이를 붙잡고는
느릿느릿 내려온다

저 메마르고 주름투성이인 손에
꽉 잡혀서
그만 꼼짝 못 한 버스

넘어질 듯 마을로 걸어가는 할머니와

꼬불꼬불 고갯길 따라 올라가는 버스가
비스듬한 속도로 맞춰 가는 풍경

늙은 개 한 마리가
물끄러미 바라다본다

천국은 시끄럽다

一
전라도 장성의 사창성당에 갔는데요
신부님 들어오시더니

마리아 할머니 광주병원 다녀온 뒤 무릎 어떠시냐
바오로 형제님 베트남 며느리는 고향 다녀왔냐
데레사 자매님 훈련소 막내한테서 전화 왔냐
동네 포도밭 송아지 염소 새끼들 안부까지 챙기느라
온통 떠들썩해졌는데요

신자 얼마 없는 촌이라 그런가, 구시렁대는데
처음 뵙는 분들은 멀리서 오신 거냐 물으시고는
일어나 어르신들 박수까지 받게 하는데요

여름 나려고 닭백숙하고 수박 준비했으니
미사 끝나고서 꼭, 드시고 올라가라는 겁니다

왁자지껄 사람들 몰려오고
논에 밭에 사는 것들까지 죄다 따라오고
떠돌이 개도 헐떡이며 찾아와서는
二 막걸리 몇 잔에다 함께 벌게지던 날

마을 사람들 빙 둘러앉은
푸조나무 그늘은 참 넉넉했는데요
살맛 안 날 때면 떠올려 보는 검게 그을린 얼굴들에서는
지금도 구수한 냄새 풍겨 나오는데요

성탄 트리 번쩍이고 조명 눈부신
건물 앞에 있으면
그 여름 한낮의 소란이 왜 자꾸만 어른거리는지요
아무 소리 들리지 않는 높다란 허공에
십자가는 왜 그리 쓸쓸하게 매달려 있는지요

장항선

一   용산행 열차는 급할 게 없었다
    논두렁처럼 꾸불꾸불한 철로를
    기어가듯 달리다가
    한 굽이 돌면 마주치는 조그만 역
    옹기종기 모여 있는 촌로들을
    느릿느릿 내리고 태워 줬다
    저만치 보따리 이고 든 여인들이
    뒤뚱거리며 걸어올 때는
    갈 시간이 지나도 움직일 줄 몰랐다
    내려오는 급행을 피해 준다고
    한참을 우두커니 서 있기도 했지만
    가거나 말거나 여기저기
    보따리에서 풀어놓는 얘기들로
    만차인 객차
    젖을 뗀 강아지들도 빼꼼히
    얼굴 내밀고 두리번거리던
    서울에는 언제 도착할지 속이 터지다가도
    말씨만큼 나른한 산들 지나다 보면
    어느새 스르륵 잠이 들었다
二   방음벽이 세워지고 보이는 거라곤

회색빛 속도뿐인 고속열차
쭉 뻗은 복선 위를 휙휙
고요만 싣고 날아가는데
그리운 것들은 점점 멀어지는지
나는 왜 옛날 완행열차의 낡은 풍경들을
차가운 유리창에 그려 넣고 있는가

바다가 있는 달력

一

서해 오천항 시장
말린 우럭 사서 나오다가
주인에게서 받아 든 달력 하나
빈둥거림마저 지루해진 오후에
검은 비닐봉지 속 그 달력 꺼내 본다
넘기는 한 장 한 장마다 가득한
바닷물의 계획들
조금 1물 2물 3물… 사리…
11물 12물 한객기 대객기
고 544 저 178 고 530 저 241…
1년 365일, 모든 날마다
물이 들고 나는 시간과 높이까지
빼곡히 적어 놓았으니 바다는
잠시도 가만히 있을 줄 모르나 보다
한시라도 놀아 볼 생각이 없나 보다
포구와 수평선 사이를 오가며
오늘도 수천 번 출렁이는 달력 안에는
물길의 땀내 가득 배어 있다
떠들썩한 물결들이

二

가쁜 숨 몰아쉬며 쏟아져 나온다

내 싸대기를 후려갈기듯
파도가 시퍼렇게 밀려들어 온다
오랜 권태에 찌들었던
방바닥이 들썩이고
그 위에 박인 엉덩이 굳은살 자국도 씻겨 가고
내 한적한 방에
오늘 갑자기 출렁이는 바다가 들어찼다

엄마손칼국수

눈발 흩날리는 오후
길가의 칼국숫집 앞을 지나다
안을 들여다보았다
늙은 여인이 휘휘 면발을 건져 올리고
손님 서넛이 국수를 먹고 있었다
호호 불어 가며
창밖을 등지고 혼자 앉은 사내들이
엄마가 차려 준
늦은 점심을 먹고 있었다
굽은 등마다 김들이
모락모락 올라오고 있었다

제4부

남한강메기매운탕

머리 미끈한 메기들
붓꼬리 수염 휘날리는 학승들 같다

낮술에 비틀거리는 테이블 바라보며
달그락대는 소짜 냄비 뚜껑처럼
입술을 연신 달싹이고 있다

조금도 수그러들 줄 모르는
수족관 속 거품들

주방에서 헐레벌떡 뛰어나온 주인이
내공이 단단해 보이는 놈부터
뜰채로 건져 올린다

한 생애가, 뜨겁게 건너가는 중이다

불타는 오금공원

짧은 치마 입고 힘껏 공을 넘기는
테니스장 할머니들의
카랑카랑한 고함 소리
잠시 움찔하던 매미도
플라타너스 짙푸른 이파리들을
갈기갈기 찢어 댄다
고개 설레설레 흔들며
한참을 올라가는 나무 계단 끄트머리
벤치 주변이 붉게 물들어 있다
홀로 스마트폰에 빠진
늙수그레한 노인네
슬쩍 보이는 동영상에서
흘러나오는 신음에
한낮의 공원이 후끈 달아오른다
껑충한 떡갈나무가 혼자 서 있기 멋쩍은지
재빨리 짙은 그늘을 늘어놓지만
누구도 어찌할 수 없는
이 화끈하고 생생한 여름날 오후
가만있지 못하고
다들, 불끈불끈한다

붉은 단추

허옇게 배 드러낸 채
뒤집혀 있다
어떻게든 일어나려
꼬리와 지느러미를 허우적거리지만
망가진 난파선처럼
뽀글거리는 물살에 떠밀리기만 한다
서서히 바닥으로 가라앉는
고통스러운 여정에도
눈 한번 끔벅거리지 않으면서
어딘가 바라보는 방어 한 마리
죽음의 공포를 밀어내며 차오른
어느 먼바다의 풍경들일까
그 기억들이 빠져나가지 못하게
꼭꼭 잠가 놓은 걸까
아가미가 닫힌 후에도 감기지 않는
방어의 눈방울
남해횟집 출렁이는 수족관 불빛 속에
박혀 있는 저 붉은 단추를
결코 떼어 낼 수 없으리

벨 소리

一 풀벌레 소리다
옛집 창가에 내려앉는
달빛 속에도 저 울음이 들어 있었지

무슨 할 말이 있었기에
그 밤을 떠나지 않고 내내 울어 댔을까

먼 곳에서부터
도시의 깊은 땅속까지 더듬더듬 찾아온 듯한
귓속까지 뭉클해지는 소리

샘물처럼 맑은 여운을
아직 털어 내지 못하고 있을 때

'이 화상아! 얼른 안 받을래?'

갑자기 쏘아 대는
여인의 앙칼진 목소리

二 풀벌레는 훌쩍 날아가 버리고

놀란 중년의 사내들이
허둥지둥, 제 전화기들을 꺼내고 있다

손가락탕

찰랑찰랑 넘치는 뚝배기 속에
손가락을 푹 담아서 온다
국물에 잠겼던 엄지손가락이
식탁 위에 떨어뜨려 놓은 이 얼룩들
고개 들어 얼굴을 흘깃 올려다보는데
구겨진 앞치마에는 퉁퉁 불은
지문마저 사라진 듯한 새빨간 자국들이
인장처럼 찍혀 있다
그녀는 쏜살같이 주방으로 들어가
이마 주름 사이로 흘러내리는 땀을
옷소매로 닦아 내며 밥을 만다
고깃덩어리들이 넘치는데도
손가락을 또 집어넣는다
사십 년이 넘었다는
연중무휴의 시장 국밥집
간판도 그녀를 닮아 하얗게 세어 버리고
팔팔한 국물 속에 청춘은
녹아 없어졌으리라
두꺼운 골무를 박아 놓은 것처럼
투박해진 손끝에는 오직

뜨거움의 흔적만이 남아 있으리라
숟가락이 뚝배기를 건드리는 순간
묻어 있던 손자국들이 툭
국물 속으로 빠져 뒤섞인다
몇 번씩이나 토렴하여도
아무리 양지를 얹었어도
그녀의 고단한 삶이 고스란히 우려져서 진한
오랫동안 든든하고 뜨실 국밥 한 그릇
굵은 땀방울로 간을 내어 제법
짭짜름하기도 한

금연 구역

一 앳된 얼굴의 아가씨가
쭈뼛거리며 자리를 찾는다
제 정체는 드러내지 않으려는 듯
안쪽에 선 채 등을 돌리고 있다
한 명씩 더해질 때마다
그녀의 각도는 달라지기 시작한다
서로를 바라보며 조곤조곤 넓혀 가더니
셋에서 삼각형을 이룬다
그러다가 마침내 둥글게 원을 만든 사람들
스크럼 짜듯 서로의 어깨까지 겯었으니
어떤 두려움도 없는 모습으로
짙은 연기를 힘차게 뿜어 댄다
건당 십만 원의 범죄 현장이
신나는 해방구로 바뀌어 간다
여기저기 터져 나오는 웃음소리
더러는 비밀을 나누고 있는 듯
은밀한 표정들
지나가는 여인이 얼굴 찌푸리고
머리 위의 CCTV가 번쩍이지만
― 아무도 저들을 멈추게 할 수 없다

비행을 함께 저지른 아이들처럼
그들의 걸음은 하나로 똘똘 뭉쳐 있다
발길들이 한꺼번에 빠져나간 골목에는
잇자국 입술 자국 선명한 꽁초들
아직 수다가 끝나지 않았는지
뒷담화가 본격적으로 이어지는지
가로등에 달린 '절대 흡연 금지' 안내판만
눈 멀뚱거린다

냉장고

있어야 할 곳은 딱 여기라며
당신이 밀어 넣은
그 자리에 붙어 있다
꼼지락거리지도
좌우를 기웃거리지도 못하고
모퉁이에 서 있다
내 안은 당신의 것들로, 가득하다
빼곡하게 쑤셔 넣고
구석구석 얹어 놓은 당신의 계획들로
숨 막히고 무릎까지 쑤시지만
어떠한 빈틈도 당신은 허용하지 않는다
해부하듯 활짝 열어젖힌 속을
꼼꼼히 들여다보고
날카로운 눈빛과 생각으로 채워 간다
무엇을 넣고 뺄지 궁리하는 건
당신만의 즐거운 상상
내 안의 차디찬 어둠과 고독을
한 번도 마주 본 적 없으리라
달달거리는 심장이 멎을 때까지
돌고, 돌아갈 뿐

당신에게는 오직 환한 빛을 보여 줄 뿐

고라니의 마을

一 성내천 둑길 걷다가
마주친 고라니 한 마리
빤히 쳐다본다
한참, 어린놈이다
뭐든지 올려봐야 될 것 같은 작은 키다
한강 둔치 갈대숲에서 왔을까
그 건너 산자락에서 넘어왔을까
오가는 발길 분주하고
아파트 불빛 환한 도시의 천변을
어색하게 기웃거리는 짐승
풀도 얼마 없는 땅 위에
연신 코를 대고 있다
커다란 눈방울을 계속 두리번거리고 있다
처음 길을 가듯 한 발씩 한 발씩
어디론가 조심스레 나가는 고라니
그 옆으로 사람들이 지나간다
시커먼 눈 끔벅거리며
고개 갸우뚱거리며 걸어가는 뒷모습이
고라니의 가늘고 여린 다리를 닮았다
二 언제부턴가

고층 아파트 단지에
고라니들이 들어와 살기 시작했다

버스 기다리는 사람들

구부정하고 삐뚤빼뚤한 줄이다
연신 시계를 들여다보거나
말없이 허공을 바라보고 있다
이 막막함을 더 이상 견디기 어렵다는 듯
여기저기 뱉어 내는 한숨 소리
한낮의 아스팔트도 사지를 비비, 꼬아 댄다
그 가운데 지팡이에 기댄 채
긴 묵상에 잠기는 노인
지팡이 끝으로 그의 전 생애가
다 빨려 들어가고 있다
뒤에 쪼그려 앉은 주름진 촌로의 눈에
밭고랑 고추 잎새들이 출렁거린다
아무 말없이 손만 꼭 붙잡고 있는 부부는
두 얼굴이 꼭 닮았다
자신의 덩치만 한 캐리어를 끌고 온
초로의 여인은 긴 여행이라도 떠나려는 것일까
모두가 서 있을 힘도 없는 모습이지만
누구 하나 빠져나가지 않는 줄
앞으로 더 바싹 붙여 꼼지락거리는 줄
마침내 버스가 서고

핸들을 잡은 검정 선글라스가 반짝이고
한참을 기다리고 섰던 이들이 급하게 떠나간다
종합병원 셔틀버스가 출발한 자리에
금세 늘어서는 긴 줄
언제 차례가 올지 비죽비죽
고개 내밀기 시작하는 사람들

폐업 정리

一 전봇대에 붙어 나부끼는
 부고문 한 장
 기억 한구석에 희미하게 남아 있을 뿐인 이름
 동네 길가에 있는 그 상가 찾아간다
 구석구석 먼지들이 쌓인
 적막강산의 그림자만 어른거렸을 대문으로
 오늘은 문상객들이 줄줄이 들어선다
 흰 국화꽃이 아닌 시커먼 비닐봉지 들고
 빈소를 가득 채우고 있다
 상주의 목소리는 쉬어 터지는데
 부의 봉투 대신 지폐 몇 장 내놓고는
 남아 있는 유류품을 쓸어 담는다
 지나면서 안을 가끔 기웃거렸을 뿐인 이들이
 망자의 모든 과거를 뒤적거린다
 헐겁게 들썩이는
 끝내 뿌리를 내리지 못하고 떠나가는 날들
 지금은 엄숙한 회고 대신
 시장 바닥 같은 흥정과 고함으로 어수선한 시간
 말년의 지독한 고독에 시달렸을 그를 위해
二 이웃의 모든 소란을 차려 놓았다

사람들은 슬픔이나 위로의 말 대신
가슴 가득 무언가를 안고 떠나가고
거리에는 줄지어 가는
유품 정리 전문 트럭들이 보인다
어느 집에 또
조등이 걸리는가 기웃거리며

거미줄

오랫동안 비워 둔 고향집
마루와 방, 구석마다
거미줄로 가득하다

두텁게 쌓인 고요뿐이리라
생각했는데
거미들은 서둘러 찾아왔구나
내 일족들이 모두 떠난 빈자리에
요란스레 둥지를 틀었구나

사각사각 줄 밟으며
돌아다니는 소리가
깜짝 놀라 퍼덕이는 날갯짓이
홀로 남은 이 집을 꽉 채웠으리

달빛과 별빛
마당의 풀벌레 소리까지 달라붙어
밤새 반짝였으리

점점 한쪽으로 쓸리고 있는

벽과 기둥의 틈들을
칭칭 감아 버린 거미줄

무성한 적막과 소요를 다 얽어매고
외딴섬 하나
말없이 저물어 간다

비둘기 민원 봉사실

백화점 사거리 롯데캐슬 앞
푹 꺼진 보도블록에 물이 고였다
순식간에 발 디딜 틈 없이
모여드는 비둘기들
마시고, 세수하고, 머리 헹구고
깃까지 닦아 대느라 정신없다
두어 발짝 물러나
환해진 날개를 한껏 펼쳐 보기도 하는데
득달같은 시민의 민원으로
얼마 못 가 메꾸어질 웅덩이
이제까지 전용 수도꼭지 하나 없이
살아왔을 비둘기들은
어디에서 갈증 풀고
찌든 매연을 씻을 수 있을까
한 모금 물 찾아 애타게
빌딩 사이를 맴돌았을 새여
말들 많더라도
이 특별시에 적(籍)을 둔 것들이 수만인 지금
저들을 위한 민원 봉사실 하나쯤은, 있어야겠다
구청마다 급수대 서너 대씩은

우선 급하게 설치해야 하리라
아니, 이참에 제 조상들이 태어난 땅으로
돌려보내기로 한다면?
대를 이어 간직하고 있을지 모를
푸른 산과 물 넘치는 계곡의 추억
도시의 천덕구니가 아닌 그 숲의
당당한 시민이 된다는 생각에, 더욱 울컥하겠지
출애굽만큼 거대하고 복잡한 이주 계획이지만
거기에서 나에게
일자리 제의가 들어온다면
그동안 가깝게 지내 온 관계를 생각해
두어 달쯤은 무보수로 일해 줄 마음인데

개심사 해우소

一
무량수각에서부터
밀려온 석양이 은행나무에 걸려 있다
그 아래 이끼 낀 기왓장
얹고 서 있는 해우소
조심스레 발 들여놓는다
나무판자가 삐거덕, 문 여는 소리
깊고 아득한 구멍 속
누가 써 놓은 글씨들일까
바람과 낙엽과 흙이 덮어 놓은
오랜 비문(祕文)들
층층이 얹혀 있는 숱한 기록들
맨 엉덩이 까놓고 홀로 앉은 이곳은
차라리 유구한 고해소다
남김없이 쏟아 내야 할
저 낭떠러지의 끝
질끈 코를 감싸 쥐게 하는 건
어떤 이가 남긴 부끄러운 고백이겠다
열린 문을 흘금대는 나는
숨기고 싶던 마음의 몇 마디를
二
붙잡고 찔끔거린다

남겨질 문장의 썩은 향기를 떠올린다
언젠가 읽어 볼 이 있으리
짙어지는 산사의 고요
쪼그리고 앉은 앞산도 어느새 붉어지고

젖어 들다

一 말끔한 정장 차림의 아가씨가
아까부터 혼자 중얼거리고 있다
사거리에 서서 방언을 내뱉는 여인같이
앞만 바라보며 웅얼거린다
무슨 말일까 귀 기울여 보아도
맨 구석에서의 소리는 까마득하고
계속되는 눈길에 아랑곳하지 않은 채
빠르게 들썩이는 입술은
유리창 밖 보도 위에 끊임없이
튀어 오르는 소나기 빗방울을 닮았다
들리진 않지만, 바싹바싹 타들어 가는
표정과 눈빛은 어딘가를 향한
그녀의 간절한 두드림이리라
뭔가 건너뛴 듯 빠트린 듯
가지런히 모은 두 발을 동동 구르더니
좌우로 머리도 흔들어 댄다
제 운명을 붙잡기라도 하려는 것처럼
휴대폰 꽉 움켜쥐고
처음부터 새로 시작하려는 것일까
— 저 동작을 오늘 몇 번이나 되풀이하는 걸까

입술에서 쏟아져 나온 말들까지 모두
부르터 버렸을 오후 두 시의 커피점
시간에 늦었는지 서둘러 뛰어나간 뒤
그 자리에 흥건한 그녀의 외침
나른하던 내 귀가, 촉촉해졌다
흠뻑 젖어 버린 귀가 무거워
일어나기 힘들다

해설

생의 이력 들춰내기

신덕룡(시인)

1. 본다는 것

시는 시인이 대상과 만나는 지점에서 출발한다. 첫 순간은 오감, 그중에서도 시각에 의존하는 경우가 대부분이다. 세계와 만나는 일차적이고 중요한 기능이 시선에 의존해 있기 때문이다. 그렇다고 모든 것이 시인의 눈에 들어오는 건 아니다. 시인의 기억이나 경험, 호기심을 불러일으키는 것들에 눈길이 머문다. 눈길이 머문다는 것 자체가 일정한 행위의 시작이며, 이런 행위는 침묵으로 이어진다. 침묵 속에 대상을 찬찬히 들여다보면서 숨겨진 본질을 찾아낸다. 이는 자연스럽게 삶의 한 측면과 연결되어 우리 앞에 나타난다.

보는 행위는 생각으로, 생각은 상상력을 통해 존재의 진면목을 펼쳐 놓는다. 보는 것에서 지각하는 것으로, 지각에서 공감으로 나아가게 하는 것이 시가 지닌 힘이다. 중요한 것은 시각에서 지각으로 나아가는 바탕에 시인의 세계관이 깔려 있다는 사실이다. 눈앞에 펼쳐지는 다양하고 수많은 것들 중 선별된 것만이 가슴에 와닿는다는 것이다. 두말할 것도 없이 시인이 관심을 갖는 것들이리라. 의식적 끌림이 세계를 바라보는 방향을 선택·결정하고 또 세계를 새롭게 드러낸다. 이런 특징이 많은 시편들 속에서 삶을 바라보는 시인의 관점과 가치관 등을 탐색할 수 있게 한다. 이경주 시인의 첫 시집 『발해철물점』을 살펴보자.

2. 들여다보기

시인의 상상력은 인간 존재의 본질과 만나게 하는 통로다. 상상력의 펼침과 도약은 삶으로부터의 벗어남이 아니라 인간과 삶의 내면을 향해 가는 과정이다. 삶의 실체를 향해 다가가는 여정이기도 하다. 이를 위해서는 대상을 꼼꼼히 들여다보고, 들춰보고 뒤집어 보는 노력이 필요하다. 가려지거나 숨겨졌던 존재의 이면을 꺼내 보는 일이다. 대상을 포용하고 폭넓게 이해하는 태도가 필요한 것은 두말할 나위도 없다.

경사진 골목길을 내려가는
리어카
꽁무니에 붙은 폐타이어가
온몸으로 급하게
바닥을 쓸고 있다
바람 빠진 몸에서도
저렇게 쓱쓱, 살 벗겨지는

소리가 울려 나온다
타이어가 새까맣게
길을 내는 언덕
허리 굽은 노파가 닳아 버린
가슴을 끌며 지나간다

─「스키드마크」 전문

  우리가 흔히 볼 수 있는 골목길 풍경이다. 한 노인이 폐지를 가득 싣고 내리막길을 가고 있다. 짐의 무게가 앞으로 쏠리면서 가속도가 붙고 리어카를 끌고 가는 노인은 고꾸라질 듯 위태롭다. 넘어지지 않으려고 노인은 허리를 젖히고 두 다리에 힘을 주며 뒤로 버틴다. 리어카 "꽁무니에 붙은 폐타이어" 역시 브레이크 역할을 하며 바닥을 쓸며 내려가고 있다.

  내리닫이 골목길, 짐 실은 리어카, 허리 굽은 노인 모두 삶의 신산한 모습으로 치환된다. 이런 삶의 모습이 폐타이어가 내는 검은 자국, 즉 스키드마크로 드러난다. 바닥에 그어진 "길", 그 검은 자국이야말로 한 노인이 살아온 삶의 궤적이다. 따라서 과거 그리고 현재, 언제든 내리닫이 길에서 넘어질지 모를 위태로운 내일이 더 안타깝게 다가오는 것이다.

  눈여겨볼 것은 시인의 태도다. 안쓰럽고 위태로운 풍경을 그려 내지만 자신의 감정을 내보이지 않는다. 길바닥에 "쓱쓱, 살 벗겨지는" 소리를 통해 풍경 자체에서 나오는 파동을 만들 뿐이다. 그렇기에 "허리 굽은 노파가 닳아 버린/가슴을 끌며 지나간다"라는 담담한 전언이 더 깊은 울림으로 다가온다. 이런 태도는 타인의 삶을 자신의 삶의 일부로 받아들이되 연민이나 동정이 아닌 공감의 영역으로 끌어들이려는 노력에서 나오는 것이다.

> 아파트 신축 공사장 옆
> 길가에 버려진 워커
>
> 꽁꽁 조인 끈들 다 풀어 주고서
> 누가 여기에 놓고 갔나
>
> 한때의 탄력과 단단함
> 다 소진해 버리고
>
> 푹 고꾸라져서는
> 다시는, 일어서지 못할 것 같다
>
> 가끔은 빠져나간 발이 생각나는지
> 헐렁한 제 거죽을
> 오므려 보기도 하는 워커
>
> 그 깊은 주름 사이로
> 살며시 파고드는 햇살들…
>
> ―「워커」 전문

이 작품 역시 시인이 대상을 이해하는 방식을 잘 보여 준다. 여기에 제시된 대상은 공사장 근처에 버려진 워커, 즉 작업화다. 버려진 것으로 보아 낡고 해져 더 이상 쓸모가 없어졌으리라. 이를 "한때의 탄력과 단단함/다 소진해 버리고" 폭 고꾸라져 버린 모습으로 형상화한다. 이 워커를 신고 누군가는 공사장을 누볐으리라. 구슬땀을 흘리며 철근을, 시멘트를 어깨에 메고 거침없이 오르내렸고, 워커는 그의 삶에 든든한 받침대 역할을 했으리라. 그러나 지금은 "다시는, 일어서지 못할 것 같"은 신세가 되었다.

시인은 여기서 한 걸음 더 나아간다. 버려진 신발에 생명을 불어넣는다. "빠져나간 발이 생각나는지/헐렁한 제 거죽을/오므려 보기도 하는" 걸 본다. 상상을 통해 단순한 사물이 아니라 하나의 생명체로 바꿔 놓는다. 비록 버려진 신세가 되었어도, 과거 자신과 함께 고통스러운 삶을 살아왔던 존재를 기억하는 것이다. 같은 기억과 체험을 공유했다는 건 서로의 운명을 나눴다는 것이기도 하다. 워커와 워커를 신었던 누군가는 한때의 소중했던 인연이며 또한 동행자로 우리 앞에 나타나는 것이다. 그렇기에 할 일을 마친 워커는 햇살 받으며 "가장 홀가분하고 가벼운 모습으로" 길거리에 누워 있는 게 아닌가(「비닐 성자」).

3. 동행자의 감각

시인은 사물이나 풍경을 우리 삶의 모습과 자연스럽게 연결시킨다. 자연스럽다는 것은 시의 세계에 편안하게 접근한다는 것인데, 여기엔 시인의 개성이 잘 드러난다. 우선, 시인이 대상에 접근하는 방식이다. 대상의 특징을 잡아낸 뒤, 내면으로 끌고 들어와 주의 깊게 살펴본다. 이때 발견되는 것들 하나하나를 자신의 삶 일부와 조심스레 결합한다. 이는 대상과 '나' 사이에 자연스럽게 동일시가 이루어지고 있다는 것이기도 하다. 동일시란 타자의 마음을 직간접적으로 경험하는 심리적 태도다. 이 과정 속에 타자에게서 자신의 삶을 발견하고, 또 그것을 재구성하여 공감의 세계로 나아가는 것이다. 이럴 때 시인은 관찰자에서 나아가 동행자, 즉 길벗의 입장이 된다.

  18층 화장실에서는 모두가 앞만 보고 있었다 변기 앞에 쭉 늘어서 있다가도 등 뒤에서 발 좀요, 소리가 들리면 습관적으로 오른발을 들어 올리곤 했다 대걸레가 한 번 쓱 지나간 다음에는 왼발을 올리는데, 한 번도 어긋나는 법이 없었다

  사무실에 돌아와서도 마찬가지였다 나란히 앉아 등 뒤에서 들려오는 소리에만 온 신경을 집중하고 있을 뿐, 맨 뒷자리 구령에 맞춰 열댓 명의 남자들이 몸을 움직였다 뒤로 앞으로 좌로 우로 한 치의 오차도 없이 구르는 동안 오늘이 가고 내일이 흘러갔다

  눈물 나게 서럽고도 그리운,
  모든 게 일사불란하게 척척 돌아가던 때였다

―「착한 개」 전문

  이 시는 대상에 대한 섬세한 접근이 자신의 체험과 직간접적으로 연결되어 있음을 보여 준다. 여기서는 두 가지 사실이 나타나 있는데, 첫째는 조직의 일원으로서의 체험이다. 사실, 조직의 일원이기보다는 부품에 가까운 삶이 드러난다. 관행과 습관에 길든 화장실의 모습이 그것이다. 굳이 직장의 화장실이 아니어도 공중화장실 어디서나 볼 수 있는 낯익은 풍경이다. 잘 훈련된 아니, 학습된 행동이 아닐 수 없다. 이러한 모습은 일방적인 지시와 그에 따라 일사불란하게 움직이는 조직문화에서도 잘 드러난다. "나란히 앉아 등 뒤에서 들려오는 소리에만" 집중하고, "맨 뒷자리 구령에 맞춰 열댓 명의 남자들이 몸을" 움직이는 샐러리맨의 모습이다. 생계를 위해 조직의 일부로서 존재해야 하는 서글픈 현실이다. 그러나 벗어날 수 없다. 이런 상황에서 벗어나는 순간 낙오자가 된다는 걸 잘 알기 때문이다. 회식 자리에서조차 넥타이를 풀지 못하는(「회식」), "조기퇴직 명단에서 빠져나온" 헐거워진 목을 만지면서 안도하는(「재를 넘다」) 서글픈 직장인이자 가장의 삶 일반으로 확대되는 것이다.

  더 참담한 일은 뒷부분의 반전이다. 그럼에도 불구하고 그때가 "눈물 나게 서럽고도 그리운" 시절이었다는 것이다. 조직에서 떨어져 나오는 순간 "착한 개"의 신세만도 못한 처지가 되었음을 보여 준다. 가야 할 곳도 해야 할 일도 없어져 버린 채 낙오자나 삶의 잉여물이 되었다는 현실이 그

것이다. "소용돌이가 커질수록/더욱 단단하게 서로를 엮는"
다는(「가족에 대하여」) 가족을 지키기 위해 견뎌야 하는 가장의
모습이 더 실감 나게 다가오는 것이다.

    낮에는 없던 소리가
    어둠 속에서 새어 나온다

    칠흑의 벽을 타고 흘러나오는
    그르렁그르렁, 힘에 겨운 듯한

    꺼질 듯 말 듯 하면서도
    그치지 않는 저 소리는

    오래전
    아버지 방에서 들려오던
    쿨럭거리던 기침 소리 같다

    잠 깨어 나가 본 베란다 구석
    잔뜩 녹이 슬고
    구부정한 보일러

    늙은 아버지가
    방들을 덥히고 있다

                                    ―「보일러」 전문

시인은 늦은 밤 홀로 누워 보일러 돌아가는 소리를 듣는다. 낮에는 들리지 않던 소리다. 벽을 타고 들려오는 "그르렁 그르렁" 하는 소리다. 발견이다. 발견이란 몰랐던 사실을 알아채는 것이다. 즉 이미 있었는데 새삼 알아채는 것이니, 여기엔 계기가 있다. 늦은 밤이다. 한낮에는 각종 소음에 묻혀 들리지도 들을 수도 없는 소리였다. 그러나 모두가 잠든 고요한 밤에서야 소리는 존재를 드러낸다. 또 하나는 가족 중 '나'만 이 소리를 듣고 있다는 사실이다. 식구들 모두 잠든 시간에 혼자 듣는 "꺼질 듯 말 듯 하면서도/그치지 않"고 힘겹게 돌아가는 보일러 소리는 가장의 처지이기에 더 또렷하게 들려온다. 시인은 보일러가 힘겹게 돌아가는 소리에서 "오래전/아버지 방에서 들려오던" "기침 소리"를 떠올린다.

  이 소리에는 각기 다른 세대의 가장들 모습이 겹쳐 있다. "넥타이 매고 빈 가방 든 채" 지하철을 타고 빙빙 돌다 늦게 귀가하는 실직자(「감자를 삶으며」), 새벽녘 잠든 식구들 모르게 "워커 끈 꼭꼭 조여 묶"고 일 나가던 아버지의 뒷모습이 겹쳐진다(「벽돌들」). 낡은 보일러 소리와 쿨럭거리는 기침 소리, 한밤의 고요와 때 이른 퇴직의 암담함, 두 가지 상황이 겹치면서 이 시대를 살아가는 가장들의 모습이 생생하게 다가오는 것이다.

  앞서 언급했듯, 대상과 '나' 사이의 연결 지점은 어느 한순간 다가오는 깨달음에 있다. 사소한 깨달음이지만 잠시 '나'를 되돌아보게 하는 힘이 있다. 이는 사물의 이면으로 파고들어 가 그 본질을 꿰뚫는 안목 그리고 새롭게 발견한 삶의 이치를 '나'의 경험에 비춰 형상화하는 일로 이어진다. 따라서 이경주 시인의 작품들은 성격과 주제에서 하나의 계보를 이루고 있는데, 그 중심엔 잊고 있었거나 무심코 지나쳤던 것들이 내는 신음 같은 게 있다.

  그렇다면 시인이 그리워하고 또 원하는 세계는 어떤 모습인가?

4. 온기와 냉기

  시인에 의해 소환된 대상들에겐 공통점이 있다. 요양원에 두고 온 아내(「껌딱지」), 사랑 잃은 국밥집 처자(「명화식당」), 칼국숫집의 훈기(「엄마손칼국수」), 시장통의 시든 채소(「슬하」), 음식물쓰레기봉투(「비닐 성자」), 폐업한 상가(「폐업 정리」), 장애인 아들과 어머니(「동행」), 벤치에서 잠든 노숙자(「둥지」) 등등. 우리 삶의 우울한 측면과 연결되어 있다. 다름 아닌 안타까움이고 때론 아련한 그리움으로 우리의 마음을 일렁이게 한다. 무섭게 변해 가는 시대에 겨우 명맥을 유지하거나 이미 사라진 것들이기에 더 애틋하게 다가온다.

  다음의 시를 보자.

    용산행 열차는 급할 게 없었다
    논두렁처럼 꾸불꾸불한 철로를
    기어가듯 달리다가
    한 굽이 돌면 마주치는 조그만 역
    옹기종기 모여 있는 촌로들을

느릿느릿 내리고 태워 줬다
저만치 보따리 이고 든 여인들이
뒤뚱거리며 걸어올 때는
갈 시간이 지나도 움직일 줄 몰랐다
내려오는 급행을 피해 준다고
한참을 우두커니 서 있기도 했지만
가거나 말거나 여기저기
보따리에서 풀어놓는 얘기들로
만차인 객차
젖을 뗀 강아지들도 빼꼼히
얼굴 내밀고 두리번거리던
서울에는 언제 도착할지 속이 터지다가도
말씨만큼 나른한 산들 지나다 보면
어느새 스르륵 잠이 들었다
방음벽이 세워지고 보이는 거라곤
회색빛 속도뿐인 고속열차
쭉 뻗은 복선 위를 휙휙
고요만 싣고 날아가는데
그리운 것들은 점점 멀어지는지
나는 왜 옛날 완행열차의 낡은 풍경들을
차가운 유리창에 그려 넣고 있는가

―「장항선」 전문

우리의 삶은 속도와 밀접한 관련을 맺고 있다. 이는 우리의 삶이 급속도로 변했다는 것과 함께 공간 이동이 잦다는 것을 말해 주기도 한다. 삶의 변화는 19세기 초 기차의 발명과 더불어 시작되었다. 공간의 단축은 시간의 소유를 가능하게 했다. 완행에서 급행으로 급행에서 고속열차로의 변화는 우리의 삶을 확장시켜 주기에 충분했다. 삶의 확장에 맞물려 잃은 것 또한 많은데 그중 하나가 우리의 감각이다. 즉, 삶 속에서 인간이 행사하던 감각의 동력을 상실했다. 고속열차를 타 본 이들은 알겠지만 스쳐 지나가는 산과 들, 자주 나타나는 터널과 어둠, 숨죽은 듯 가라앉은 실내 풍경…… 바깥의 경치를 즐기는 여행자가 아닌 목적지로 실려 가는 짐짝의 신세가 되었다. 스치는 풍경 어느 하나 우리 마음에 머물지 않기 때문이다.

　위의 시에서 보듯 "회색빛 속도뿐인 고속열차"엔 생생하게 살아 움직이는 것들이 없다. 간이역에 옹기종기 모여 앉은 노인들, 보따리를 들고 탄 여인네들, 그들이 풀어놓은 이야기들, 젖 뗀 강아지들이 낯선 광경에 두리번거리는 모습들은 이제 찾기 힘들다. 더 이상 예전에 느꼈던 정겨움은 찾을 수 없다. 시인은 속도에 떠밀려 사는 삶에서 잃어버린 그리움을 하나하나 되살리고 있다. 물론 잃어버린 것들도 있지만, 그 와중에 "침까지 발라" 주며 구두를 닦는 이의 정성스러움이나(「구두 닦는 시간」) 거친 마음을 "하얀 국숫발처럼 유순"하게 하는 따스함도 남아 있다(「강원도식당」). 겨우 명맥을 유지하면서 우리 삶을 정겹고 풍요롭게 하는 것들이다. 그렇기에 "낡은 풍경들을/차가운 유리창에 그려 넣고" 있듯,

이 모든 것들이 가치 있는 게 아니냐고 되묻는 것이다. 이 시집에 실린 시편들이 옛것에 대한 복고 취향이나, 안타까움만을 보여 주고 있는가. 그렇지는 않다. 변화에 맞춰 사는 삶의 모습을 보여 주기도 한다.

    짧은 치마 입고 힘껏 공을 넘기는
    테니스장 할머니들의
    카랑카랑한 고함 소리
    잠시 움찔하던 매미도
    플라타너스 짙푸른 이파리들을
    갈기갈기 찢어 댄다
    고개 설레설레 흔들며
    한참을 올라가는 나무 계단 끄트머리
    벤치 주변이 붉게 물들어 있다
    홀로 스마트폰에 빠진
    늙수그레한 노인네
    슬쩍 보이는 동영상에서
    흘러나오는 신음에
    한낮의 공원이 후끈 달아오른다
    껑충한 떡갈나무가 혼자 서 있기 멋쩍은지
    재빨리 짙은 그늘을 늘어놓지만
    누구도 어찌할 수 없는
    이 화끈하고 생생한 여름날 오후
    가만있지 못하고

다들, 불끈불끈한다
　　　　－「불타는 오금공원」 전문

　이 시에 나타나는 생동감은 두 개의 장면으로 등장한다. 테니스 치는 할머니들의 활력과 야한 동영상에 빠진 노인이다. 생명력은 말 그대로 활동성 즉 움직임을 그 본질로 한다. 움직임이야말로 존재의 성장과 유지를 가능하게 하기 때문이다. 그런데 여기 나타난 움직임은 안간힘이란 느낌이 강하다. 늙음을 자연스럽게 받아들이기보다는 늙어 가는 걸 거부하는 몸짓처럼 보인다. 자연의 질서에 순응하는 것이기보다는 움직임을 통해 젊음을 유지하려는 욕망이 도드라지게 나타난다. "짧은 치마 입고 힘껏 공을 넘기는" 할머니들의 "카랑카랑한 고함 소리", 몰래 신음이 흘러나오는 동영상을 보며 "스마트폰에 빠진" 늙수그레한 노인 역시 흘러가는 시간을 붙잡으려 애쓰는 모습처럼 보이는 것이다.

　인간의 수명이 길어지고 노인 역시 많아진 오늘, 이런 모습이 낯설지는 않다. 늙어 감은 "누구도 어찌할 수 없는" 현실이지만 노인들이 "가만있지 못하고/다들, 불끈불끈한다"고 하듯 생명력을 발산한다. 그렇다면 이 시가 의도하는 바는 무엇인가. 젊음에 매달리는 욕망의 모습인가 아니면 생명력 그 자체의 아름다움인가? 물론 전자에 가깝다. 이런 움직임이 유별나거나 부질없는 것인가? 반드시 그렇지는 않다. 한여름의 더위와 "짧은 치마"와 동영상 속의 "신음" 소리…… 이것 또한 자연스러운 생명현상이 아닌가. 죽음을 앞둔 환자가 "로토 한 장"에 매달리듯(「복권을 든 남자」), 시인은 이런 욕망과 생에 대한 집착에서도 결핍되고 외로운 삶에서 한 줄기 빛을 찾아내려는 게 아닌가 싶다. 어떤 상황에서든 움직이고 부딪치며 살아가는 게 가치 있는 삶이 아니겠느냐는.

 앞서 말했지만 이경주 시인의 첫 시집은 무심코 지나치기 쉬운 것들에서 삶의 이면과 원리를 찾아낸다. 그의 눈에 띄는 대상들은 한결같이 우리 모두 한때 소중하다고 여겼던 것들이다. 이들 대상과 '나' 사이의 동질감을 찾아내고 드러낸다. 시 속에 드러난 내면 풍경이 그것인데 이는 조화로운 세계에 대한 열망과 맞닿아 있다. 그 세계는 대부분 익명 아닌 실명으로, 감춰짐이 아닌 은근한 드러냄으로, 격렬한 거부보다는 견딤과 순응의 몸짓으로 이루어진 세계다. 이런 세계가 과거 그리고 볼품없는 모습 속에 감춰져 있었다면, 맞섬의 몸짓은 애처롭기까지 하다. 그래서 시인의 눈길은 촉촉하고 따뜻하고 정겹다. 그렇다고 냉정한 관찰자의 입장을 벗어나지는 않는다. 이런 절제와 온기는 이경주 시인이 지닌 특징이자 덕목이다. 이것은 그의 시에 개성을 이루는 요소로 작용하지만 한편으로는 시의 생동감을 떨어뜨리는 요소로 작용하기도 한다. 그러나 생에 대한 더 깊은 통찰을 통해 시 전체에 팽팽한 긴장감을 불어넣는 작업으로 이어질 것이라 믿는다. 그의 다음 시집을 기다리는 이유다.